梅兰芳艺术人生文丛

刘 祯 ╱ 主编

梅蘭芳

◎ 俞丽伟 编著

与时尚

知识产权出版社

全国百佳图书出版单位

——北京——

「梅兰芳艺术人生文丛」的整理出版为北京市西城区文化艺术创作扶持专项资金2020年度扶持项目

序

"他在深厚传统和广泛吸收多家所长的基础上创造了极其精美的艺术。他不愧为现代世界上伟大的表演艺术家之一。他的艺术是近千年来中国戏曲艺术历史上的高峰之一。他是一代宗师,对一代艺术家发生了积极的、深刻的影响。梅兰芳是把中国戏曲舞台艺术介绍到国外,并获得盛誉的第一个戏曲表演艺术家。"(朱穆之《永不停步的革新精神——纪念艺术大师梅兰芳诞辰九十周年》）这个"他"，就是 20 世纪中国最伟大的表演艺术家之一——梅兰芳。

轻拂时间的尘封，走入历史的情境中，回看梅兰芳的一生，依然那么清晰，又那么熟悉。在 20 世纪初新与旧、古老与现代、东方与西方的文化碰撞和争持中，梅兰芳的出现，顺应时代要求和审美追求。他通过持之以恒的努力、追索，将京剧艺术推向了一个新的高度，也使得"梅兰芳"这一名字与京剧、与时代紧紧地联系在一起。而从中国艺术、中国文化的传承脉络来看，其实梅兰芳及其京剧艺术早已融汇到今天的舞台艺术和文化基因里。

演员是梅兰芳的职业，他以自己的努力和奉献，把京剧的旦行艺术推向了新的高度；同时，作为那个时代引领风气之先的人物，他的行为思想又与时代社会紧密联系，为人们所关注，成为时尚标志。而在那个动荡、变幻莫测的时期，梅兰芳洁身自爱，不随波逐流，注重自我品德修养，追求进步，为人中和而讲原则，是非分明；他身上的家国情怀，如傲雪红梅，如罹霜松柏，坚贞不屈，坚定不移。台上，他扮演了数以百计不同身份、不同性格的女性人物，个个美丽动人，熠熠生辉，善恶分明；台下，他是铮铮男儿，有血有肉，与人为善，助人为乐，热心公益，具有高度的文化自觉。他有开阔的视野和世界眼光，访日、访美、访苏演出，使中国戏曲得以走上世界戏剧舞台，形成与世界其他戏剧体系平等交流、对话的格局，进一步构筑和阐释了中国戏曲的体系特征，展示了中国传统文化的魅力，提升了中国文化和中国人在世界中的地位。

梅兰芳是 20 世纪伟大的京剧表演艺术家，是传承者，是革新者，也是一位绘画大家，是那个时代的时尚代表，是那个时代的文化表征，是那个时代的文化使者，是一位伟大的爱国者，是为人们所爱戴的人民艺术家。本文丛试图让人们了解和看到的就是这样一位血肉饱满、生动鲜活、爱憎分明、初心不改而多姿多彩的梅兰芳！

1 / 导　言

留
声
存
影
——
梅
兰
芳
与
时
尚

目　录

5 / 一、话剧的魔力

23 / 二、第一次"触电"

39 / 三、剪辫子与巴拿马草帽

53 / 四、在美国拍摄有声新闻片

73 / 五、第一部彩色戏曲片《生死恨》

91 / 六、姹紫嫣红：荧幕上的杜丽娘

111 / 七、珍贵的唱片　永远的梅声

127 / 八、广告红人梅兰芳

141 / 九、痴迷摄影的梅兰芳

161 / 十、文艺体育不分家

时装新戏《一缕麻》，梅兰芳饰林纫芬

导　言

　　2006 年，京剧被国务院批准列入第一批国家级非物质文化遗产名录。京剧艺术作为中国地道的传统艺术之一，在二百余年的发展历程中涌现出众多优秀的京剧演员。随着时代与社会的发展，京剧艺术也在其发展进程中发生裂变。在这种裂变中，京剧演员梅兰芳博采众长，吸收中国传统文化和戏曲表演艺术精华，对戏曲艺术精益求精，逐步成长为20世纪中国最伟大的京剧表演艺术家。梅兰芳取得巨大成绩的背后并不是故步自封，而是对新鲜事物、时尚潮流、海外艺术都充满浓厚的兴趣，例如话剧、电影、唱片、广告、摄影、运动等。他观摩、研究，甚至身体力行，将戏曲表演与现当代艺术相互融合，成就了许多新的艺术作品。梅兰芳以开阔的胸襟、超凡的视野乘风破浪，成为那个时代的时尚先锋。本书通过10个"梅兰芳与时尚"的小故事，将他较少为公众所知道的时尚一面展现给大家，以飨读者。

梅兰芳在纽约与著名戏剧家贝拉斯考交流

梅兰芳在伦敦与美国黑人歌唱家罗伯逊（左一）及黄柳霜（左二）、熊式一（左四）、余上沅（右一）等合影

一、话剧的魔力

现在，生活在北京、上海、广州、香港、台北的文艺小青年们如果没有看过话剧，那可就"OUT"了。每逢周末的晚上，北京的文艺青年们选择到国家大剧院、首都剧场、先锋剧场、蜂巢剧场、中央戏剧学院实验剧场、繁星戏剧村、"9剧场"等场所观摩各种类型的话剧。话剧俨然成了时尚潮人们热衷的艺术"打卡"方式之一。这几座城市的话剧市场十分繁荣，只要你想看，365 天几乎天天不重样。话剧是土生土长的中国艺术吗？并不是。它是西方的舶来品，英文名称 Drama。话剧以对话和动作为主，欧洲各国通称为戏剧。话剧和京剧有很多不同之处，话剧是导演的艺术，强调以导演为中心，演员以对白、独白、行动等方式呈现内容，创作元素中，剧本、表演、舞美、服装、化妆、灯光缺一不可。京剧是演员的艺术，强调以演员的表演为中心，唱念做打，具有综合性、虚拟性和程式性的特征。1907 年，在日中国留学生曾孝谷将美国斯托夫人创作的小说《汤姆叔叔的小屋》改编成话剧《黑奴吁天录》。这部小说风靡全美，广受欢迎，改编后的剧本成为中国早期话剧的第一个剧本。话剧的戏剧形态很快传入时尚之都上海，受到当时国内戏剧艺术家和观众的热切关注。话剧最初传入中国时，中文译名有多个叫法。1928年，导演洪深提议将其定名为话剧，这一名称沿用至今。

早在1909年，年仅十五岁的梅兰芳就在北京观摩了来自上海的王钟声表演的《禽海石》《爱国血》等话剧。王钟声可是大有来头，他青年时期留学德国，1907年受到春柳社影响，回到上海兴办新剧剧团"春阳社"，并排演了许啸天改编的《黑奴吁天录》。欧阳予倩认为"应当把这一次的演出作为话剧在中国的开场"。可以说，王钟声是中国早期话剧的奠基人之一。王钟声慷慨激昂的表演风格，暴露官场腐败的戏剧题材对梅兰芳触动很大，也使他对上海充满了神往。

1907年6月，春柳社在日本演出《黑奴吁天录》。此为第二幕剧照。前排左起第四、五、八、九人分别是欧阳予倩饰女黑奴、庄云石饰哲尔治、李息霜（李叔同）饰爱米柳夫人、黄二难饰解尔培

1913年，年纪轻轻的梅兰芳如愿来到上海。此番在上海的演出意义重大，刀马旦的戏使他一炮而红。演出结束后，梅兰芳心情十分愉悦，他说："我们在上海一口气唱完了四十五天的戏，都感到有点疲劳，需要休息几天再回北京……我不是说过最喜欢看戏的吗？在表演期间，老没得闲。如今戏唱完了，我就跟学生大考完毕一样，有说不出来的轻松愉快。我马上就匀出工夫，到各戏馆去轮流观光一下。我觉得当时上海舞台上的一切，都在进化，已经开始冲着新的方向迈步向前走了。"

梅兰芳的戏瘾到底有多大？用他自己的话说"一有闲空，最喜欢的事就是看戏"。他说："我在艺术上的进步与深入，很得力于看戏。我搭喜连成班的时候，每天总是不等开锣就到，一直看到散戏才走。当中除了自己表演以外，始终在下场门的场面上、胡琴座的后面，坐着看。越看越有兴趣，舍不得离开一步。这种习惯，延续得很久。以后改搭别的班子，也是如此。"梅兰芳认为"这种一面学习、一面观摩的方法，是每一个艺人求得深造的基本条件。所以我总是告诉我的学生要多看戏，并且看的范围愈广愈好"。

由此看来，虽然当时时尚的话剧与京剧有很大差异，但是梅兰芳早已无法遏制内心的冲动，他希望看到各种类型的戏剧，这次在上海观摩话剧新戏的机会怎能错过？梅兰芳兴致勃勃，期盼一睹欧阳予倩先生在上海谋得利剧场上演的话剧《茶花女》《不如归》和《陈二奶奶》的风采。

欧阳予倩

　　这三出话剧从主演到剧场，再到作品本身可都不一般。主演欧阳予倩先生是中国著名的戏剧艺术家，他早年留学日本著名的早稻田大学、明治大学。由于对话剧的热爱，1907 年他在日本参加了中国最早的话剧社——春柳社，在该社创作的《黑奴吁天录》中扮演角色。回国后，他组织新剧同志会进行新剧创作。他还投身京剧的创作和演出，多才多艺，身兼编剧、导演和演员之职。由于他在戏剧艺术上的贡献，人们将欧阳予倩先生与梅兰芳先生誉为"南欧北梅"。可以说，欧阳予倩先生是我国现代话剧的开拓者。能够在上海观摩到著名话剧人欧阳予倩先生的演出，梅兰芳感到非常欣喜。由于话剧是舶来品，这几部话剧的演出场所没有选择京剧戏园子，而是谋得利剧场。这是一处外国人在上海开音乐会的精致小型剧场，地点位于上海繁华的南京路外滩，场内设置了五六百个座位，美国侨民业余剧团常在此演出，观众也多为欧美人士。当时时髦的人士或外国人士想看话剧，常常选择到谋得利剧场。这样的新式剧场和观演方式也令初到上海的梅兰芳耳目一新。

聊了这么多，梅兰芳对谋得利剧场的三部话剧到底感觉如何，且听分解。《茶花女》是19世纪法国著名剧作家、小说家亚历山大·小仲马的代表作。小仲马擅长创作反映社会问题，引发观众思考的作品。《茶花女》讲述出身贫寒的姑娘玛格丽特与青年人阿尔芒的爱情悲剧。在法国文学史上，这部小说揭露了法国七月王朝上流社会的腐朽生活，且第一次把妓女作为作品的主角。妓女玛格丽特的人物塑造引起了梅

梅兰芳与欧阳予倩合影（20世纪50年代）

兰芳的共鸣，他也曾在京剧《玉堂春》中扮演过妓女苏三，虽然话剧与京剧的表现手法不尽相同，但是两位妓女同样受到社会压迫的悲惨遭遇值得同情和反思。《不如归》的来头也不小，它是日本小说家德富芦花的成名作。这部作品描写中日甲午战争时期，遭受蛮横的封建家庭迫害和被结核病所累的浪子与丈夫川岛武男之间的哀婉故事。这部小说一经发表便引起社会的广泛关注，成为当时的畅销书，作者德富芦花也因此成名，后来《不如归》被改编成话剧、电影等。梅兰芳看到话剧舞台上浪子的不幸遭遇，深感中国女性也处于封建家长制的重重制约之下，且东方女性在家庭中的地位相似，常常身处男尊女卑的境地。《陈二奶奶》剧目尚不清楚具体内容，但从梅兰芳的回忆中看出是讽世警俗、开化民智的时事新戏。欧阳予倩表演的三出话剧作品，从主演、剧场、作品、舞美到表演方式都是全新的，这样的演出深深触动了梅兰芳。他说："我看完以后留下了很深的印象。不久，我就在北京跟着排这一路醒世的新戏，着实轰动过一个时期。我不否认，多少是受到这次在上海观摩他们演出影响的。"

　　梅兰芳不仅喜欢上了话剧，也从中受到了启发。一颗心早已欢腾跳跃，他要创新，他要改革。梅兰芳说："化妆方面我也有了新的收获。我们在北京，除了偶然遇到有所谓带灯堂会之外，戏馆里都是白天表演。堂会里这一点灯光，是不够新式舞台的条件的。我看到了上海各舞台的灯光的配合，才能启发我有新的改革的企图。我回去就跟我的梳头师父韩佩亭细细研究。采取了一部分上海演员的化妆方法，逐渐加以改变，目的是要能够配合这新式舞台上的灯光的。总之，我那时候是一个才二十岁的青年，突然接触到这许多新鲜的环境和事物，要想吸收，可真有点应接不暇了。这短短五十几天在上海的逗留，对我后来的舞台生活，是起了极大的作用的。"初次由沪返京以后，梅兰芳就有了排新戏的意图。

一个当红的传统京剧演员梅兰芳要跳出舒适圈，尝试创编具有时代气息的新戏，完全是摸着石头过河，能否成功谁都不知道，身边的人都为梅兰芳捏了一把汗。梅兰芳道出了原委："我不愿意还是站在这个旧的圈子里边不动，再受它的拘束。我要走向新的道路，去寻求发展。我也知道这是一个大胆的尝试，可是我已经下了决心放手去做，它的成功与失败，就都不成为我那时脑子里所要考虑的问题了。"

《邓霞姑》剧照，梅兰芳饰邓霞姑，姚玉芙饰周士普

梅兰芳和他的团队创作了一系列描写现实题材的时装新戏，如《孽海波澜》《宦海潮》《邓霞姑》《一缕麻》等。这些剧虽然不是话剧，但是在服装扮相等方面采用时装，同时借鉴话剧反映社会问题、引发教育思考的叙事经验，梅兰芳的新戏对社会中暴露的黑暗面针砭时弊，对民众有很好的启发意义和教育意义。没有想到，梅兰芳的时装新戏当时受到了民众的高度欢迎，几乎一票难求。由于种种原因，这些时装新戏只上演了短暂的时间，但是可以肯定地说，话剧的确对梅兰芳产生了重要影响。

除了国内的话剧，梅兰芳对英国的一位杰出的戏剧家无比敬仰，他就是欧洲文艺复兴时期英国最伟大的戏剧家、诗人莎士比亚。1935年梅兰芳访苏演出成功后去

《一缕麻》剧照，梅兰芳饰林纫芬

欧洲考察，在英国的莎翁戏剧节上，他观摩了正宗的莎士比亚戏剧《哈姆雷特》《奥赛罗》《终成眷属》《皆大欢喜》等。这些戏剧让梅兰芳深入体会到莎翁戏剧的语言魅力和表演张力。除了莎士比亚的作品之外，他也观摩了其他英国戏剧，参观了众多剧场，结识了英国戏剧界的萧伯纳、毛姆等知名剧作家和小说家。带着对英国戏剧的浓厚兴趣，经过实地考察，梅兰芳收获颇丰，他专门撰写文章《英国戏剧》，阐述在英国观剧的感受，分析英国优秀剧作家及其作品。

当梅兰芳专程从伦敦赶到莎翁故里——英格兰斯特拉福小镇之时，他仿佛闻到空气中弥漫着戏剧的芬芳，在莎士比亚纪念剧院久久伫立。

1930 年梅兰芳在美国与电影大师卓别林合影

二、第一次"触电"

　　1895 年 12 月 28 日，历史上赫赫有名的一场电影放映活动开始了。放映地点在法国巴黎一家咖啡馆的地下室。法国人很喜欢在咖啡馆里聚会，品味香浓的咖啡，交流愉快的话题，聆听动人的音乐。这一天晚上，卢米埃尔兄弟使用他们设计的 35 毫米胶片的小型摄影机和一种类似缝纫机的间歇运动机器，再连上幻灯机，为顾客放映了《水浇园丁》等十部影片，总计时长约 25 分钟。时髦顾客们只需要支付一个法郎就可以观看全部影片。这次放映活动在世界电影史上具有划时代的意义，标志着电影诞生了。

仅仅几周的时间，卢米埃尔兄弟的生意就发展到一天放映二十场电影的规模，观众们排着长长的队伍等待观看。法国巴黎一向引领国际时尚潮流，很快，电影作为新兴的时尚产业在世界范围内发展起来。据考证"西洋影戏"在中国的首次放映时间是 1896 年 8 月，放映地点在上海徐园里的"又一村"。这之后，"西洋影戏"的放映活动向香港、北京、天津等大城市辐射。看电影作为新娱乐方式，走进了中国大城市时髦人士的生活中。

当国外的电影公司在中国如火如荼地推广之时，一位中国京剧旦角的新星正在冉冉升起，他就是梅兰芳。

年轻的梅兰芳拥有嗓音好、身材好、面貌好的天资，又得到梨园行名家传授及众多文化知识界朋友的指点帮助，加之自身的勤奋刻苦，使得他在唱腔、身段和表情方面都有了极大提高，服装和扮相方面也做了革新。晚清民国戏迷们有"听戏"的习惯，到了梅兰芳就变成了既能"听戏"，也能"看戏"了。为此，晚清"江苏五才子"之一张謇写诗云："世间只有美男子，雌蝶雄蜂强较量。珠样玲珑玉样温，性情仪态貌无伦。"1919 年梅兰芳东渡日本演出并取得成功，他也成为当时中国旦角演员的佼佼者。

1931 年在北京大方家胡同李宅
梅兰芳与范朋克合影

20 世纪初，中国国内的电影产业也初露端倪。1917 年，上海的商务印书馆开始拍摄电影，1918 年正式成立活动影戏部。商务印书馆活动影戏部是中国民族资本开办的第一家电影制片机构，也在中国建造了第一个专业化的摄影棚，开创了规模性经营电影的先河。商务印书馆活动影戏部拍摄影片的类型主要有风景、时事、教育、新剧和古剧五大类。台风卓然、至美至善、戏迷众多的梅兰芳很快成为活动影戏部锁定的拍摄对象。但是，被传统文化浸润的梅兰芳是否喜欢电影，是否接受电影拍摄呢？

商务印书馆活动影戏部的负责人或许不知道，梅兰芳其实非常喜欢看电影。喜欢到什么程度呢？他晚年回忆："我是一个京剧演员，又是一个电影爱好者。四十

范朋克（1883 — 1939）
美国演员、导演与剧作家

卓别林（1889 — 1977）
英国演员、导演

多年前我就是电影院的老顾客。我从无声片看它发展到有声片，从黑白片看它发展到彩色片，现在又看它发展到宽银幕、立体和全景电影，几十年来科学技术的进步，是令人感奋的。"可见，梅兰芳从年轻到暮年都是不折不扣的电影迷。抗日战争期间，他在香港蓄须罢演，空闲时，晚上常常带着家人去电影院看电影，如美国明星范朋克主演的《三剑客》《美人心》，大导演卓别林主演的《摩登时代》《大独裁者》等，以此消磨时光。

书归正传，1920 年 4 月中旬，梅兰芳带剧团赴上海演出。与他相熟的上海商务印书馆协理李拔可得知后，邀约梅兰芳在有名的福建菜馆"小有天"聚餐。席间，李拔可说："商务印书馆的活动影戏部，新近从美国买来了一部分电影器材。如果你有兴趣，可以拍两部戏玩玩。"在座的朋友们一听兴致高昂，纷纷怂恿。梅兰芳本来就对电影兴趣浓厚，看过很多电影，只是没有亲身拍摄过，所以他回答："拍电影我没有经验，但是我想试试看。"当时的电影水平还处在无声黑白片的时代，因此大家认为身段表情突出的剧目比较合适拍摄成电影。

梅兰芳选择了《春香闹学》，朋友提议了《天女散花》，一顿饭局开启了梅兰芳首次"触电"的尝试。

说拍就拍。5月中旬，上海闸北宝山路商务印书馆印刷所附设的玻璃影棚地方宽敞，从美国引进的电影器材在当时也很先进。梅兰芳白天拍电影，晚上接着去演戏，两不耽误。当时还没有擅长戏曲的电影导演，所以影片没有正式导演。梅兰芳在摄影师廖恩寿画出的镜头活动范围内进行表演，至于表演内容完全由他和戏班演员自行决定。

首先拍摄的是昆曲《春香闹学》。这是汤显祖的名作《牡丹亭》中的一折，讲述的是老师陈最良为小姐杜丽娘上私塾课，课程枯燥乏味，活泼调皮的丫环春香一边伴读，一边扰乱学规，弄得老学究非常尴尬的故事。

电影与戏曲的不同之一是镜头语言。其中特写镜头是电影艺术的长处，一般特写镜头是将面部或物体的局部放大，以造成强烈的艺术效果。梅兰芳饰演的春香刚一出场，就采用了特写镜头，他用一把折扇遮住脸，镜头慢慢拉开，扇子往下一点点挪动，渐渐露出人物的面部，紧接着是一个顽皮的笑脸。这个镜头太有感染力了，表情丰富，把春香的性格展露无疑。有一家美国电影公司的工作人员在现场观摩，他们对这个特写镜头啧啧称赞。

春香去逛花园的这一段，活动影戏部为了营造花园的真实环境，将拍摄地点挪到了一座私人花园——淞社。原来戏曲舞台上的暗场，现在成了实实在在的电影明场了。淞社既有中式花园的特点，也有西式花园中的大草坪。梅兰芳在平坦的草坪上表演身段，一会儿打秋千，一会儿扑蝴蝶，一会儿拍纸球，展现春香的天真烂漫。戏曲虚拟表演打秋千，而拍电影时梅兰芳要站到真实的秋千架子上，也不敢随意摇晃，倒是符合十三四岁的小丫头想玩又害怕的心理特征。在拍摄的时候，花园外的上海老洋房窗户里有很多人探出头观看，一睹戏曲名角梅兰芳的风采。当时有人评价"这可以说是古今中外荟萃的奇景"。

等到拍摄《天女散花》的时候，摄制地点转到了上海天蟾舞台。《天女散花》是一部以舞蹈见长的神话题材古装新戏，梅兰芳1917年首演该戏。剧情讲述维摩患疾，如来派菩萨和罗汉前去探望，又命天女到维摩家中散花的故事。梅兰芳的天女形象是按照古画中的天女形象设计的，身上附着两条很长的飘带，舞动起来凌空飘逸。当年排练的时候，为了达到理想效果，梅兰芳放弃了简便易行的小木棍抖飘带的做法，而是花了四个月时间练习徒手舞动飘带，最终达到熟练的地步。等这次在上海拍摄《天女散花》的时候，这出戏梅兰芳已经演了三年了，绸舞的表演非常纯熟，画面很美。在电影中，虽然没有声音，但是唱词和念白都采用字幕。"云路"一场，影片叠印了朵朵云彩，创造了天女御风而行的梦幻之境。由于早期电影的拍摄技术、灯光技术等还处于初级阶段，镜头语言多为全景、远景，而中景、近景和特写运用较少，光线的不均使影片模糊暗淡，演员有时演着演着就跑出了摄影框，摄影师有时也会对不实焦点，这些都是拍摄中出现的问题。

梅兰芳当时可以说是梨园行里收入最高的京剧演员了。但是，他在这次拍摄前向商务印书馆表示不收取报酬。为此，商务印书馆特别致函，感谢梅兰芳对中国本土电影的支持。

　　电影不只是梅兰芳的业余爱好，第一次"触电"带给他许多新鲜的感受，电影艺术对他的戏曲表演产生了影响。梅兰芳说："我看电影，受到电影表演艺术的影响，从而丰富了我的舞台艺术。在早期，我就受到电影演员的面部表情的启发，想到戏曲演员在舞台上演出，永远看不见自己的戏，这是一件憾事。只有从银幕上才能看到自己的表演，而且可以看出优点和缺点来进行自我批评和艺术上的自我欣赏。电影就好像一面特殊的镜子，能够照见自己活动的全貌。因此，我对拍电影也感到了兴趣。"

　　两部影片在上海和北京上映后，受到观众的热烈欢迎。影片随后又在中国各大城市放映。人们看到了银幕上的京剧名角梅兰芳，更加喜爱这位京剧演员了。

有人问，现在还能看到这两部影片吗？很遗憾，1932年一·二八事变中，商务印书馆印刷所被日本飞机投弹夷为平地，《春香闹学》《天女散花》等库存影片全部被毁。

日军轰炸后的上海商务印书馆

梅兰芳、齐如山、张彭春等与美国檀香山总督合影

三、剪辫子与巴拿马草帽

梅兰芳把食指竖在嘴上，轻声地"嘘"了一下，仆人们都心领神会，默不作声，用手捂住嘴想笑不敢笑，大家目光聚焦在酣睡的大李和聋子身上。梅兰芳蹑手蹑脚走到床边，恰好聋子脸朝里睡，鼾声四起。他悄悄地撩起聋子的长辫子，拿着剪刀沿着辫子根就是一剪。这一剪下去，聋子的辫子就彻底跟他告别了。聋子美美地一觉醒来，还有些迷迷糊糊，好像自己做了一个长长的梦，身体变得很轻，向空中升起，升起。突然摇晃了一下头，眼睛瞪大，感觉脑袋不对劲儿，用手一摸后脑勺，"啊——"聋子大叫了一声。躺在旁边的大李被吵醒，看到聋子脑后光光，吓得嘴都结巴了："你，你，辫子怎么没了？"他下意识地赶紧摸了摸自己的脑后："谢天谢地，我的辫子还在。哎——"大李长长地松了一口气。

也许你会问，这是啥情况，一向温和的梅兰芳怎么也顽皮上了？

聋子和大李都是梅兰芳的"跟包"。"跟包"在旧社会就是戏曲演员的助理，协助服装和其他杂务，几乎演员走到哪，他们就跟到哪，如影随形。由于长期跟着梅兰芳，两人和梅家就像一家人一样亲近。那梅兰芳为啥要顽皮地剪掉聋子的辫子？这还要从当时的一则告示说起。

1911年10月，中华民国湖北军政府贴出剪辫告示："自武昌起义推翻清帝，重振汉室，凡我同胞，一律剪去胡辫。"1912年1月，孙中山以临时大总统名义正式颁布"剪辫令"，要求留有发辫者，限期剪去辫子，去除旧俗，做中华民国新国民。这一告示表明，从清朝顺治二年开始的"男子剃发续辫"宣告终结。想当初，清军规定——清军所到之处，无论官民，限十日内尽行剃头，削发垂辫，不从者斩。其严苛的执行口号为：留头不留发，留发不留头。这个"男子剃发续辫"制度执行了二百多年，是多少代男人的头部记忆啊。现在清宫古装电视剧里男子留着长辫子的造型——满族男子头发的前半部分剃掉，后半部分编成发辫，俗称"阴阳头"。大家似乎以为这就是清朝"男子剃发续辫"的标准，对清宫男子的印象停留在电视剧中的样子。然而实际上并非如此，历史上清朝早期和中期男子发式是"金钱鼠尾"，男人脑后几乎是光头，头后部只留一小绺发量，编好的发辫比小拇指还细，要能穿过铜钱中的方孔才算合格。而所谓的"阴阳头"是清末才出现的。当初，清军下令续辫遭到民众的强烈反对，但二百多年过去了，许多人已经习惯了留辫子，乍一要剪掉辫子，都犹犹豫豫，意存观望，不肯马上去剪。

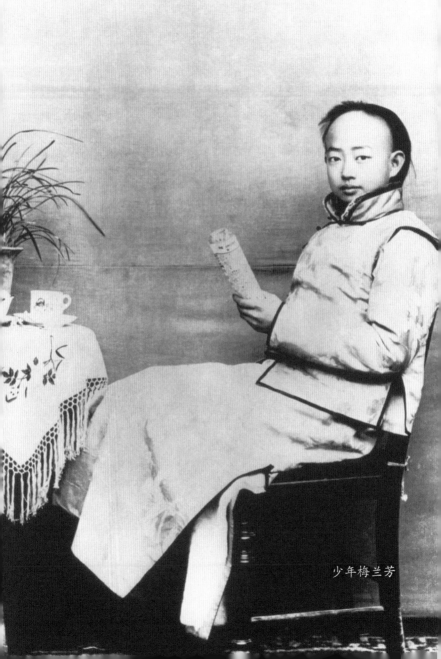

少年梅兰芳

民国元年,梅兰芳剪发初影

　　然而在这道"剪辫令"发出之前，剪辫之风已经在革命者和知识分子中间刮起来了。早在1895年，孙中山等革命者率先剪发。1903年1月15日，天津《大公报》举办"剪辫易服说"的征文活动，呼吁民众剪掉辫子，受到一些有识之士的热烈响应。随后《大公报》在1904年和1906年又举办了两次"剪辫易服"的征文大讨论。一些留洋的中国学生在国外已经剪掉辫子，归国后被视为一种时尚，连国内学堂里的一些学生也仿效他们剪掉辫子。在梅兰芳身边活跃着一批留学回来的知识分子朋友，这使他早已留意到他们的剪辫风尚。等到"剪辫令"一发布，才十八岁的梅兰芳就在当年6月自己做主剪掉了辫子，还跑到照相馆拍照留念，照片上题字"梅畹华剪发初影，民国元年六月十五号"。当时的心情用他自己的话说是"剪去了脑后这根讨厌的东西"。

这恐怕是当时北京城的戏班里第一个剪掉辫子的京剧演员了，用老北京话儿讲"够飒的"。

梅兰芳不但给自己剪了辫子，还给一位至亲也剪了，前后过程那叫一个波折，所以聋子还不是第一个被梅兰芳剪辫子的人，那这位至亲是谁呢？别急，这里面有一段有趣的故事，且听道来。

这位至亲正是梅兰芳的大伯梅雨田。

梅雨田是北京城响当当的琴师，为伶界大王谭鑫培操琴。他自己膝下无儿，胞弟梅竹芬和弟媳又早逝，由此对梅兰芳视如己出，抚育栽培，甚是疼爱。两人之间亲如父子。年轻的梅兰芳剪掉了辫子，又想着游说大伯也剪掉辫子。改掉一个老习惯，哪有那么容易？大伯当时都四十七岁了，留辫子已几十年的光景，他犹豫来犹豫去，还是没有同意。梅兰芳的执拗劲儿也上来了，一次劝说不行那就两次，两次不行就不断叨念。梅兰芳和大伯生活在一起，每天一见面，就给大伯讲剪发后的好处："伯父，辫子剪了，好处可多呢，例如早晨起床，最麻烦的就是梳辫子了，起码耗费两刻钟的光景。您想想，要是剪了这辫子，是不是省去梳辫子的麻烦？再说说晚上睡觉，没了头后的这根辫子，那睡起来多么轻松舒服啊。""嗯嗯。"大伯点头，"让我再想想。""伯父，您看辫子也不能天天去洗，少不了油腻落尘，辫子没了，咱们就不用担心身上的衣服褂子沾染弄脏了……"梅兰芳就这样滔滔不绝，不厌其烦地劝说大伯。大伯经不住梅兰芳的不断劝说，终于有一天心里有点松动了。梅兰芳心花怒放，乘胜追击，自告奋勇地说："明天我要到洋行去给您买一顶巴拿马的草帽，亲自给您剪掉这根累赘的

梅兰芳的伯父梅雨田（1865 — 1912）

辫子，您把草帽戴上，那才好看呢。"梅雨田终于点了点头，同意了梅兰芳的建议。

第二天下午，梅兰芳就兴致勃勃地来到帽子洋行，买好了一顶细软的巴拿马草帽。巴拿马草帽堪称草帽界的极品，原产于厄瓜多尔，那里盛产一种名为多基利亚的植物，这种植物的纤维十分纤细，用它编织的草帽细腻柔软。草帽周围装饰有黑条纹或花饰，边沿上翘。另外，这种草帽的纹路越细、密度越大就会越细软，同时也越昂贵。在手工时代，巴拿马草帽做工非常精细，戴上有绅士气质，又因为价格不菲，并非所有人能戴得起。法国女作家杜拉斯在她的小说《中国北方的情人》里描述了一位常常戴着一顶绅士的巴拿马草帽的中国恋人。在很多著名的影视作品里都能看到巴拿马草帽的身影，例如电影《乱世佳人》中的男一号克拉克·盖博饰演的商人白瑞德，他戴着一顶巴拿马草帽，风度翩翩，魅力无限，迷倒众多粉丝。巴拿马草帽成为具有时尚品位人士的象征，在民国时期很快传入中国。女性戴起来有文艺知性风，男性则体现出复古绅士风，现如今一顶顶级的巴拿马草帽在国际奢侈品市场上的价格达到3000美元。

梅兰芳买了上好的巴拿马草帽，回到家里就亲自为大伯梅雨田剪掉了辫子。梅兰芳举起镜子让大伯端详，戴着巴拿马草帽的梅雨田看上去很是满意。

大伯是劝了又劝才剪掉了辫子，"跟包"聋子和大李是怎么劝也说不通。梅兰芳只好趁聋子熟睡时剪掉了他的辫子。大李为防止梅兰芳再次"偷袭"，每晚睡觉脸朝向外侧。这并没有拦住梅兰芳，趁着大李酣睡的时候，他小心翼翼地开始剪辫子。这次比给聋子剪辫子要难多了，大李的辫子紧紧贴着墙，梅兰芳只剪掉一半，这一半又被剪成三四段。第二天大李醒来，发现自己的辫子就剩下半截，十分难过，眼里含着泪，手里捧着剪掉的辫子来找梅兰芳的祖母说理，边说边哭："您瞧，我的辫子也让大爷铰掉了。您说怎么办？"梅兰芳的祖母安慰他："你心里别难受，叫大爷也给你买一顶草帽好了。"这次剪辫子，大李过了很久也没有缓过神来，他心里还是有不舍和难过。

看来当时人们对剪辫子风尚的接受程度还是各有不同呢。

梅兰芳在美国好莱坞参观电影制片公司，梅兰芳、齐如山、
张彭春与美国电影明星共11人

四、在美国拍摄有声新闻片

"当——当——",时钟敲了两下,已经是深夜两点钟了。纽约的街头空空荡荡,不见一个人影。这是1930年2月的一个夜晚,凛冽的寒风裹挟着雪花在空中飘舞。纽约四十九号街剧院里传来了一位女士用流利的英文声情并茂地介绍剧情的声音。

只见她穿着漂亮的中式服装，左右耳畔挽着两个俏皮的发髻，毫无倦意，眼神中充满了神采，用地道的英文在舞台上报幕，内容是关于梅兰芳和昆曲《刺虎》。随后台上演出了梅兰芳饰演的费贞娥向刘连荣饰演的罗虎将军敬酒的情节。大名鼎鼎的梅兰芳在舞台上表演，台下的观众席却空空如也，很是令人诧异。

原来这不是一场普通的演出。

1930年2月8日，梅兰芳和他的剧团到达纽约，拉开了首位中国京剧演员访美艺术交流和公演的大幕。在167天的行程中，剧团横跨美国东西部七座城市，共计演出二十出剧目。其中，梅兰芳演出剧目十四出，包括传统剧目《汾河湾》《贵妃醉酒》《打渔杀家》《虹霓关》《四

报幕员杨秀

张彭春在演出开始前登台介绍剧情

郎探母》，古装新戏《嫦娥奔月》《千金一笑》《天女散花》《麻姑献寿》《霸王别姬》《廉锦枫》《西施》，昆曲《尼姑思凡》《刺虎》，舞蹈片段包括杯盘舞（《麻姑献寿》）、剑舞（《霸王别姬》）、羽舞（《西施》）、

梅兰芳表演《麻姑献寿》杯盘舞

梅兰芳表演《廉锦枫》刺蚌舞

刺舞（《廉锦枫》）、绸舞（《天女散花》）等。关于为什么带来这么多精彩的剧目和舞蹈片段，梅兰芳说："兰芳此去，或者能使西方的人们，认识我们中国的戏剧的真像，在两国的文化上亦不无裨益。世界人们的眼光已渐渐集中到太平洋，艺术又何尝不如此呢？……希望使东方与西方的艺术界有互相接触的机会……假使兰芳这次去，因艺术上的接触，得使两国民族增进些许感情，也就是兰芳报答国家、社会以及诸位的一点微忱。"

梅兰芳所到之处，受到美国政商文化名流的热烈欢迎。在纽约，由于站台上欢迎的人数众多，相互拥挤，需要警察现场维持秩序。赶来送鲜花的人群更是一波接一波，鲜花达到八十余束，梅兰芳本人抱不住如此多的花束，只好由同行人员代拿。各国新闻记者对梅兰芳和

梅兰芳在美国纽约演出时的街头海报

剧团进行了采访和报道。美国著名剧评家斯塔克·杨在梅兰芳演出前后发表了若干篇戏剧评论，他的精辟论述令美国艺术界为之震动。美国各界名流和在美华侨举办了多场声势浩大的欢迎宴会。此次访美演出标志着梅兰芳的京剧艺术以自觉传播的姿态迈入西方世界的大门，在美国掀起了梅兰芳的热潮。

在这股热潮中，一家美国的知名电影公司希望与梅兰芳擦出电影的火花。

总部坐落在美国西海岸加利福尼亚州洛杉矶郊外的派拉蒙电影公司，是好莱坞的重头影视企业之一。20世纪二三十年代，派拉蒙电影公司以众多的明星、高质量的影片和遍布全美的连锁影院，稳坐好莱坞霸主宝座。

20 世纪 70 年代至 21 世纪初，派拉蒙电影公司出品了《教父》《夺宝奇兵》《阿甘正传》《变形金刚》等叫好又叫座的经典电影。

　　派拉蒙电影公司的实力不可小觑，1930 年，该公司已具备有声电影的先进技术。当他们得知梅兰芳先到纽约演出的消息后，虽然远在 8000 公里外的西海岸，但没有阻隔想要联络的心愿，立刻派公司驻纽约的代表拜访梅兰芳，邀请梅兰芳到他们的电影院去看电影，同时到当地的电影拍摄分厂参观。三天后，梅兰芳和剧团来到派拉蒙电影公司驻纽约的电影分厂参观，得到厂长、导演、制片等工作人员的热情招待。厂长提出公司打算为梅兰芳拍一部电影。因为剧团刚到纽约，面临繁重的演出任务，梅兰芳回答："在纽约就要演出，恐怕不能

梅兰芳与玛丽·璧克馥在美国好莱坞
参观电影制片公司

梅兰芳（左四）在好莱坞与影星卓别林（左二）
及三大戏院经理合影

抽出时间来拍片。"厂长说:"听说您还要到好莱坞,我们的总厂在那里,一切条件都比此地完善,您到那里,总厂的负责人一定会请您拍片的。但我们还想请您在此地拍一点新闻片。"盛情难却,梅兰芳说:"那是可以的。不过演出后比现在更忙,你们最好到剧场去拍。"

梅兰芳在纽约四十九号街剧院演出的第七天,最后一个大轴戏表演《刺虎》。派拉蒙电影公司纽约分厂的工作人员工作十分认真负责,在前几天的演出中,已经多次观摩这出《刺虎》,为设计拍摄思路做好前期准备。这一天,他们等晚上观众全部散场后,开始布置事先运过来的摄影机、灯光和录音设备等。此时,已经是午夜时分了。等正式开拍时,时钟已指向了深夜两点。这样就发生了开篇描写的一幕。

那位用流利的英文声情并茂地介绍剧情的女士是一名华裔，叫杨秀。她出生在夏威夷，在夏威夷大学毕业后，来到位于纽约的哥伦比亚大学攻读教育学硕士学位。杨秀毕业后留在了纽约，在百老汇担任演员。梅兰芳此次赴美，剧团的总导演是张彭春，他曾经在哥伦比亚大学攻读文学、教育学硕士学位，几年后又重返哥大攻读博士学位，师从著名教育家杜威教授。张彭春与杨秀同是哥伦比亚大学的校友，两人都在该校读过教育学专业，所以甚是熟络和亲切。杨秀又非常热爱戏曲，还说着一口地道的英文，形象靓丽，善于表演和主持。因此，她成为梅兰芳纽约剧目报幕员的不二人选。杨秀很热情地接受了报幕的任务。她的报幕落落大方，充满感

梅兰芳与刘连荣在美国演出《刺虎》
中贞娥刺虎一场舞台照

情，配合眼神和手势，使台下不甚清楚中国戏曲的美国观众对剧情和演员提前有了了解。梅兰芳很感激杨秀，他说："我们剧团在美国演出获得成功，她的热情帮助，也是不可抹杀的。"

梅兰芳这次在纽约拍摄新闻片，是他第一次拍摄有声影片。他表演《刺虎》后没有卸妆，只是补了一些脂粉。这次是有声记录，收音筒高高地悬挂在舞台上空，将梅兰芳和刘连荣的念白、唱腔都收录进来。这个敬酒的片段，舞台角色齐整，费贞娥扮相雍容富丽，戴凤冠，穿蟒服，围玉带。费贞娥双手擎着酒杯，笑意盈盈一步步走向罗虎，当她背过脸的时候又变了一副面孔，这些表情上的变化通过镜头语言获得很好的表现效果。选取这一段正符合派

梅兰芳在美国演出《汾河湾》，饰柳迎春，王少亭饰薛仁贵

拉蒙电影公司摄制前提出的角色齐全和展现梅兰芳
表演特色的两点要求。

虽然剪辑后的成片只有几分钟，但是当天试拍、重
拍、位置和角度确定等摄制工作花去了整整一夜。这一
夜的辛劳成就了梅兰芳第一次拍摄有声电影的经历。梅
兰芳还没有回到北京的时候，这部有声新闻电影已经先
期在北京放映了。当时看过此片的人描述："真光电影
院在一部正片之前加映这段新闻片，报纸上电影广告栏
内将'梅兰芳刺虎'五个字登在显著的位置，还附刊了
《刺虎》的照片，影院门口也是画着大幅的广告。开映
时，天天客满。"著名清宫文物专家朱家溍看这部影片
的时候才 16 岁，他回忆说："当年我跟随家人到真光
看《刺虎》新闻片，大家一致认为唱念身段扮相都好，

光线声音也不错，尤其是《刺虎》这出戏梅兰芳在出国之前还没唱过，在电影里是第一次看到，所以格外高兴。"这部影片很快在中国的各大城市传播开来。

梅兰芳分析，当时还没有中国演员和京剧演员拍摄过有声影片，中国人也非常关心戏曲能否受到外国人的欢迎，这些可能是影片受欢迎的原因。此次访美演出增强了中国京剧的国际影响力，加深了与美国文化领域的接触和交流。

还有一件令人高兴的事情，这部有声新闻片保存至今，您搜索一下网络视频即可看到。

生死恨

梅蘭芳 主演

費穆導演

1948 年梅兰芳拍摄的我国第一部彩色戏曲
电影《生死恨》的说明书封面

A Wedding in the Dream

五、第一部彩色戏曲片《生死恨》

"梅先生在吗?"一位男士边说边拉开了位于上海马斯南路一处老洋房的玻璃门。

正在房间认真读信的梅兰芳定睛一看,不是旁人,正是友人费穆。

这是 1947 年冬的一个下午，电影导演费穆来拜访梅兰芳。梅兰芳在香港的时候和费穆有过交往。在抗日战争胜利后，费穆还忙前忙后，帮助阔别舞台多年的梅兰芳在上海美琪电影院举办复出演出。梅兰芳与费穆可以说是艺术上相知的朋友。

费穆乃何许人也？他 1906 年出生于上海，比梅兰芳小十二岁。从为真光电影院撰写影评开始，费穆逐步成为知名电影导演和编剧。费穆执导过的作品有剧情片《城市之夜》（1932 年）、《香雪海》（1934 年），伦理电影《天伦》（1935 年），国防电影《狼山喋血记》（1936 年），戏曲电影《斩经堂》（1937 年），古装剧情片《孔夫子》（1940 年），剧情片《小城之春》（1948 年）等。费穆是一位勇于创新又重视中国传统文

费穆（1906 — 1951），中国电影导演

梅兰芳在沪寓所看剧本

化的导演，在伦理电影《天伦》中，他使用民族乐器为电影配乐，在中国电影史上成为首创之举；他将著名京剧演员周信芳的代表作《斩经堂》搬上大银幕；他的剧情片《小城之春》创造了中国古典诗词的意境，这部作品是中国早期电影的经典之作，1995年被评选为中国电影九十年历史上十部经典作品之一，2005年被金像奖评为百年百大电影第一名。

大导演费穆来找梅兰芳，是因为他又有了一个大胆的、冒险的决定。

费穆说："今天来，专程和您商量一件事，我想要拍摄一部京戏的彩色影片。"梅兰芳拍摄过无声黑白片、有声黑白片，但是没有尝试过彩色影片，所以听到费穆要拍彩色戏曲片之后很有兴致。他回答："好呀，我愿意听听您的计划。"费穆提到，他的朋友颜鹤鸣正在尝试彩色片冲洗的技术。他打算和颜鹤鸣合作，请梅兰芳拍摄一部彩色舞台艺术片。梅兰芳回答："这件事，我很有兴趣，但我国还没有拍摄过彩色影片，技术上有无把握？这是先决问题。"费穆也考虑过这个问题，所以他说："我国的电影技术，还比较落后，在种种困难的条件下，要进行彩色片的摄制，自然是一件艰巨的工作，但我们有信心、有勇气做好这件事。您如能够和我们一起做这个大胆的尝试，我想是有意义的。"梅兰芳早有拍电影的打算。他已是五十多岁的人了，当时所属的旦角青衣行当是年轻人的天下，如果唱到七八十岁，可以归了老旦了。全国各地的观众纷纷给梅兰芳写信，希望他到当地去演出。梅兰芳何尝不希望多去外地走一

梅兰芳（右三）与导演费穆（右五）、黄佐临（右四）（1944 年）

走，让更多的人欣赏到他的艺术。可是，一来交通是个大问题，火车还不发达；二来中国幅员辽阔，梅兰芳分身乏术，不可能走遍。这让梅兰芳常常感到心里不安。他把手上四川观众的来信递给费穆看。信上，观众们表达了热切期盼。费穆表示："您的志愿很好，但这件事是多少带有冒险性质的，我们只能尽力而为。"梅兰芳以往经历过的冒险太多了，他愿意尝试。

可是，谁来出资？拍电影是一项费钱的工作。梅兰芳在抗战期间息影舞台，几乎到了破产的地步。费穆也是拿固定工资的导演。不过还好，两个星期后这个问题解决了。热爱戏曲的文华公司老板吴性栽愿意投资拍摄这部影片。他们几个人专门成立了摄制彩色舞台艺术片的华艺公司。费穆担任该片导演，梅兰芳任主演，颜鹤鸣负责彩色片冲洗和录音，著名电影摄影师黄绍芬担任摄影指导。也许你没有听说过黄绍芬，但是他摄影的几部影片鼎鼎有名：《女篮五号》《林则徐》《聂耳》《霓虹灯下的哨兵》等。他的作品成为很多人那个时代的回忆。分工后，剧组就初步建立起来了。

　　九·一八事变后创编的《生死恨》曾受到观众的欢迎，梅兰芳和费穆都主张拍摄这部作品。剧组删改舞台剧本，适应电影需求；布景方面，经过舞台实拍和重新实物置景等多次尝试，选择写实和写意兼容的布景；演员和乐队从上海各班社抽调，主要演员除了梅兰芳，还有姚玉芙、李春林、王少卿助阵；录音方面也都安排停当。一切工作都有条不紊，顺利地推进。

梅兰芳出演《生死恨》化妆照，饰韩玉娘

1948年6月，在上海徐家汇的联华二号影棚，《生死恨》正式开拍了。梅兰芳要拍彩色片的消息早已不胫而走，许多新闻界、文艺界、戏剧界的人士纷纷赶来观摩。剧组摩拳擦掌，准备大干一场。

然而天有不测风云，最应该出彩的地方却出现了最大的问题——颜色不均。

剧组人员在颜鹤鸣家观摩样片，画面上红彤彤的蜡烛，忽而变成粉色，忽而又变回大红色。有记者现场笑言："《生死恨》的广告牌上写着五彩片，现在变成十彩了。"听记者这么一说，大家面面相觑，十分尴尬。费穆解释说："彩色片的冲洗手续是非常严格的，药品成分和温度都有一定标准，颜鹤鸣在浴盆洗片，因天气热，只得放下冰块调节温度，但冰是要融化的，温度也就随之起了变化，等到第二块冰放下去时，才又恢复原样。由于温度不能保持平衡，洗出的片子就变成忽深忽浅，不够标准了。现在我们打算装冷气机，调节洗片时的温度，可以纠正这个缺点。"除了洗片的温度问题，颜鹤鸣发现拍摄灯光亮度不够也是原因之一，所以在买了冷气机后又添置了大瓦数的炭精灯，也就是影棚里的弧光灯。这种灯耗电太多，摄影现场的电力供给不足，又添置马达供电；马达噪声大，又在影棚旁边盖了新屋装马达设备。哎，拍电影实在不易，为了解决颜色问题，剧组的拍摄工作一波三折。

片子从夏天拍到了冬天，终于杀青了。虽然摄制组的设备不够先进，技术上也在探索，但剧组导演、演员、摄影师、录音师、音响师、洗印员、场记、剧务等工作人员冒着高温在水银灯下工作，表现出极大的决心。梅兰芳有时连续工作 8 小时，剧组其他人员甚至一天工作超过 20 小时，工作强度之大可想而知。

一个多月后的一天，激动人心的看样片时刻到了。大家聚集在上海愚园的柳林别墅，这是电影公司老板吴性栽的寓所。柳林别墅空间开阔，装修精致，大家兴高采烈地赶来观摩。影片的色彩充满中国瓷器的色泽意蕴，又散发出古画中的沉稳淡雅，人们感受到具有民族特色的艺术风格。但是"夜诉纺织"的场面显得凌乱，梅兰芳回忆当时这一场拍得很顺利，心中不免纳闷。

更糟糕的事情出现了。

梅兰芳出演《生死恨》，饰韩玉娘

　　拷贝从美国寄回国内后，剧组人员赶到卡尔登电影院看片。这一看大失所望。颜色完全不对路，色彩还不及上次在柳林别墅看过的片子。红不是纯正的红色，蓝不是正宗的蓝色。录音方面就更别提了，小锣的声音忽远忽近，极不稳定。性格温和的梅兰芳竟气得想把片子丢到黄浦江里去。影片内部放映后，梅兰芳立刻对费穆说："我们这部片子，是以彩色号召的，现在颜色走了样，如果拿出去公映，对观众没法交代，只有坏的影响。美国电影公司太不负责，我们的底片是很鲜明的，怎么会弄成这种样子！我主张不发行。"由于梅兰芳当时正在气头上，费穆和颜鹤鸣欲言又止，没有作过多解释。那一晚，梅兰芳一夜未眠。

　　第二天，梅兰芳的秘书许姬传向他转达了费穆的苦衷。原来美国有一家公司垄断了彩色片的专利技术，胶片的规格是 35 毫米，用品红、黄、青三色套印。如果有公司想要制作五彩片，只能找他们。这家公司要价高，手续复杂，还要达到 250 个拷贝才行。而费穆的片子只有 16 毫米，颜鹤鸣当时的技术只能达到 16 毫米的色彩冲洗能力，又因为声音无法印在小片子上，只能拿到美国放大到 35 毫米，所以导致色彩走样。那段"夜诉纺织"的混乱场面是由于电压不稳，录音机和摄影机的速度不同步，导致画面和声带也不同步。剪辑师都不敢剪这一段，担心一剪子下去剪坏了赔不起。最后只好由费穆亲自来剪，画面一格一格看，一格一格剪和贴，眼睛几乎看瞎。费穆表态一切责任由他承担，这次在梅先生面前交了白卷。但是如果不发行，他们辛苦成立的华艺公司就要倒闭。梅兰芳从大局考虑，最终同意发行。

　　如今我们可以看到中国第一部彩色戏曲片《生死恨》，它也是中国第一部彩色电影。虽然在色彩处理方面不是很理想，但是影片在剧本改编、中西艺术的结合方面都进行了有益的探索。全体剧组人员大胆冒险，不辞辛劳地创作，使这部影片成为中国电影史上让人无法忘怀的一部作品。

梅兰芳上海故居

梅兰芳拍《生死恨》电影剧照，饰韩玉娘，姜妙香饰程鹏举

梅兰芳拍摄电影的现场情景

六、姹紫嫣红：荧幕上的杜丽娘

"原来姹紫嫣红开遍，似这般都付与断井颓垣，良辰美景奈何天，赏心乐事谁家院。朝飞暮卷，云霞翠轩，雨丝风片，烟波画船，锦屏人忒看的这韶光贱。"当花园中的小姐杜丽娘唱着《游园惊梦》里那段经典的【皂罗袍】时，悠扬婉转的唱腔呈现出一派"不到园林，怎知春色如许"的情致。这描述的正是杜丽娘在丫环春香的怂恿下，偷偷走出闺房被春天花园里的勃勃生机唤醒了青春活力。杜丽娘是古典戏曲中追求个性自由和心中爱情的少女，她是善良与美好的化身。《游园惊梦》是昆曲《牡丹亭》里的精彩折子。人们每每欣赏到这部昆曲，都会被杜丽娘的用情至深所打动。《牡丹亭》作为明代戏曲家汤显祖的代表作，自始至终围绕一个"情"字——梦中情、人鬼情、人间情，"情不知所起，一往而深，生者可以死，死可以生。生而不可与死，死而不可复生者，皆非情之至也"。

《牡丹亭》诞生四百多年来，一次又一次被搬上舞台或银幕。例如梅兰芳、俞振飞的电影版《游园惊梦》，张继青的电影版《牡丹亭》，梁谷音、蔡正仁的舞台版《牡丹亭》，华文漪、顾铁华的舞台版《游园惊梦》，张继青、王享恺的舞台版《牡丹亭》，铁熠的实验版《牡丹亭》，张军的园林版《牡丹亭》，美国导演彼得·谢勒的实验版《牡丹亭》，日本歌舞伎大师坂东玉三郎的中日版《牡丹亭》等版本。据《上海画报》记载，20世纪20年代德国人也演出过《牡丹亭》。2001年5月18日，联合国教科文组织正式宣布十九项人类口头和非物质遗产代表作，昆曲被列为第四项。《牡丹亭》再次引发热潮，成为昆曲中最受欢迎的作品。2003年由我们台湾地区著名作家、昆曲制作人白先勇制作，著名昆曲演员汪世瑜导演的青春版《牡丹亭》，甫一公演，立刻吸引了年轻观众，特别是大学生的关注。该剧在北京、台北、香港、天津、西安、杭州、洛杉矶、圣芭芭拉等城市巡回演出。青春版选用了年轻俊美的俞玖林和沈丰英担任主角，分别扮演柳梦梅和杜丽娘。他们青春靓丽，充满朝气，呈现出浪漫华丽的风格。这两位年轻人也成为大学生追逐的文化偶像。巡演之后，白先勇没有停歇，2018年他作为总制作人，联合北京大学昆曲传承与研究中心推出由在校大学生表演的校园版《牡丹亭》，再次受到青年学子的喜爱。

据白先勇回忆，八岁那年观看了梅兰芳与俞振飞合演的《游园惊梦》，自此，他便迷上了昆曲。他被昆曲中的曲词美、音乐美、表演美、舞蹈美、画面美、布景美等深深折服，认为昆曲是美的艺术。梅俞的《游园惊梦》在小小少年白先勇的心中播下了昆曲的种子。

梅兰芳拍摄电影《游园惊梦》，饰杜丽娘的一个镜头

　　时光倒回 1959 年的春天，我国彩色影片的技术较之以往已经有了很大的进步。电影艺术家夏衍希望梅兰芳和昆曲艺术家俞振飞共同呈现一部电影版的《游园惊梦》。俞振飞是上海戏曲学校的校长，著名的昆曲小生表演艺术家。他出身于昆曲世家，父亲俞粟庐为一代昆曲唱家。俞振飞的昆曲代表作有《牡丹亭》《长生殿》《玉簪记》《荆钗记》《断桥》等。除戏曲表演之外，他对诗文书画也样样精通，堪称戏曲界的才子。梅兰芳从年轻的时候就对书法绘画入迷很深。相同的爱好使两人无话不谈。同时，梅兰芳很早就开始倡导和学习昆曲。抗战胜利后，他与俞振飞在上海共同表演昆曲《断桥》《游园惊梦》，宣布他正式回归舞台。可以说，两位艺术大家既有深厚的表演实力，又是艺术上相知相携的朋友，同时皆具有国际影响力，由他们联手出演《游园惊梦》是众望所归。

《游园惊梦》，梅兰芳饰杜丽娘

《断桥》剧照，梅兰芳饰白素贞，姚玉芙饰青儿

　　1959 年 11 月，位于北京西长安街的老字号"全聚德"饭庄里高朋满座。北京电影制片厂的厂长汪洋正式宣布电影版《游园惊梦》年内准备开机。由在座的梅兰芳扮演小姐杜丽娘，俞振飞扮演小生柳梦梅，上海戏曲学校的副校长言慧珠扮演丫环春香。具有上海美术专科学校西画系学习背景的许珂担任导演，他对美术设计、雕塑都十分内行，曾在多部影片中担任美工师。1957 年他执导的川剧电影《杜十娘》引发电影界的震动。《游园惊梦》由许珂担任导演，势必在美术运用方面有大的进步和提高。北京电影制片厂的摄影师聂晶担任该片的总摄影，中国电影史上的《青春之歌》《小兵张嘎》《双雄会》《杨门女将》《铁弓缘》等经典作品均出自他手。著名电影美工师和水彩画家秦威担任该片美工师，他擅长在电影中保

梅兰芳演《游园惊梦》饰杜丽娘，梅葆玖饰春香

留写意的舞台空间。电影录音师吕宪昌曾赴苏联莫斯科电影制片厂进修录音工程，他的录音作品有《伤逝》《一盘没有下完的棋》等。当时北京电影制片厂有赫赫有名的五大创作集体：四大帅、四大制片、四大摄影、四大美工、四大录音。《游园惊梦》剧组中的聂晶、秦威、胡其明、吕宪昌分别是四大摄影、四大美工、四大制片、四大录音的成员之一。有一位虽然没有来全聚德用餐，但他是这部影片的艺术指导，他就是北影厂"四大帅"之一——崔嵬。崔嵬的代表作有《青春之歌》《杨门女将》《小兵张嘎》等。他的戏曲电影《杨门女将》获得第一届大众电影百花奖最佳戏曲片奖。实力派的拍摄班底和演员阵容为电影版《游园惊梦》提供了保障，电影还没有上映，观众便开始翘首以盼。

电影化妆和戏曲化妆有很大的不同。当时的化妆技术已经达到塑性化妆的水平。梅兰芳以往拍戏曲电影大多是自己化妆，敷油彩、贴片子、梳大头等。但这次他决定交给青年化妆师孙鸿魁全权负责。因为六十多岁的梅兰芳要表演青春少女，必须禁得住特写、近景等镜头的考验，所以必须要试一试新化妆技术。梅兰芳坐在塑性化妆室里，胸前围着白绸布，好像在理发店等待的样子。年轻的孙鸿魁在他的脸上抹了油，鼻孔中插入通气管，容器钵内倒入石膏粉。早期的塑性化妆没有通气管，演员憋得不行，现在的条件算是大大改善了。为了防止梅兰芳头部晃动，由专人按住他的头。五分钟后，一张清晰完整的石膏模型就从梅兰芳的脸上揭下来了。服装和化妆方面进行了多次调整，头饰、贴片和戏服越来越协调了，看上去很美很自然。梅兰芳认为，面部化

梅兰芳拍电影《游园惊梦》，饰杜丽娘的一个镜头

妆还是要遵循电影化妆的艺术规律，在舞台化妆的基础上高于舞台妆。

　　导演许珂和美工师秦威都有专业的美术背景，在闺房、花园、牡丹亭的置景设计上下了很大功夫，从色彩到构图都力求表现出含蓄淡雅的意境，以利于营造杜丽娘娴静温柔的女诗人形象。例如内室安上了八角月洞窗，单是看这样的窗就让人时空穿越，浮想联翩。房间内的道具没有采用满满当当、富丽夸张的布置，而是把从故宫博物院借来的家具，以及从琉璃厂购买的仿宋官窑瓷器、明霁红瓷瓶、铜炉、窑变等道具与厂里原有的家具巧妙搭配，古雅清淡，韵味无穷。

　　电影录音师吕宪昌将苏联先进的录音技术引进北影

《游园惊梦》，梅兰芳饰杜丽娘，俞振飞饰柳梦梅

厂，录音的话筒收音灵敏，操作器的调节更加精密，录音的效果清晰婉转，美妙柔和。梅兰芳亲身感受到了新技术带来的变化，他感慨地说："科学力量确是能帮助我们解决过去所不能解决的问题。"

正当拍摄工作顺利进行之时，梅兰芳却病倒了。有一天，由于连续工作，劳累过度，他高烧达39度，浑身无力。等到退烧后，全身上下还是疲软乏力，医生建议他继续卧床休息。但是梅兰芳考虑到摄制工作都有固定日程安排，以及为他助演花神的上海戏校的学生们还要返回上海上课。他不忍心耽误这些工作，就告知摄制组继续拍摄。

演员在舞台上看不到自己的表演，特别是年纪大了以后，身材有些发福，有些动作更离不开观察者的及时提醒。在一次拍摄的时候，姚玉芙就提醒梅兰芳的左眼要再睁大一些，否则左右眼的神采不统一。发福的肚子有时不经意泄下来，有碍观瞻，梅剧团的舞台监督李春林及时告诉梅兰芳提气和收肚子。一部影片不可能依靠一个人就能成功，而是需要台前幕后的人们随时发现问题，踊跃发表意见，及时解决问题，齐心协力才能收到良好的效果。在全体成员的共同努力下，这部影片的拍摄工作效率非常高，在短短一个月内就完成了。

《游园惊梦》的拍摄很成功，上海海燕电影制片厂的导演岑范看了样片回信说："看到《游园惊梦》的样片，对色彩、化装、表演、布置等都很满意。"电影版《游园惊梦》放映后，让很多人爱上至情至美的昆曲，小小少年白先勇从《游园惊梦》开始痴迷昆曲，现如今白先勇先生已经八十多岁高龄了，还在推广昆曲的道路上继续前行。

　　《游园惊梦》是梅兰芳电影之路上的最后一部作品，成绝响之作。"但是相思莫相负，牡丹亭上三生路"，电影版呈现了汤显祖流芳百世的剧作，昆曲与电影交相辉映，留下了梅兰芳与俞振飞两位艺术大家的传世之作和昆曲之美，也还给了汤显祖最真实、最纯粹的牡丹亭之梦。

梅兰芳与俞振飞拍摄电影《游园惊梦》

1936年9月，梅兰芳与杨小楼等为胜利唱片公司灌唱片期间，在北京饭店合影

（前排左起：杨宝森、谭富英、梅兰芳、杨小楼、谭小培、程砚秋、刘砚芳）

七、珍贵的唱片 永远的梅声

1888 年，世界上第一张唱片在美国诞生。

1897 年，英国洋行谋得利率先将蜡筒留声机和蜡筒唱片引进中国的时尚之都——上海。这种可以留住声音的机器被上海人称为留声机，"能唱歌"的盘片则被称作唱片。唱片和留声机作为舶来品，一经传入中国，就受到时尚界人士的欢迎。一些洋派家庭买来精美的留声机，放上唱片，或邀友人小聚，轻歌曼舞，或独自聆听，细细品酌，听唱片成为一种时尚生活潮流。清末民初，戏曲是中国最大的娱乐消费方式，特别是京剧，上至达官贵人，下至黎民百姓都喜闻乐见。由于京剧具有广泛的群众基础，外国唱片公司瞄准了这一领域，灌制与发行中国京剧演员的蜡筒和唱片成为业务目标之一。

1913 年，梅兰芳在上海唱红，还接触了很多新鲜事物，如话剧、唱片、留声机等。正处于艺术上升期的梅兰芳从上海返京后开始了戏曲艺术的革新之路，创作了反映社会问题的时装新戏、载歌载舞的古装新戏等，加之自身擅长的旦角传统老戏，逐步积累了一批具有梅兰芳特色的演出剧目，如《贵妃醉酒》《嫦娥奔月》《玉

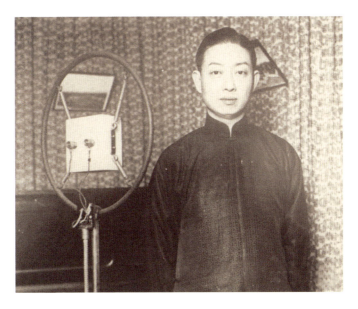

梅兰芳在上海灌唱片时的半身照

堂春》《黛玉葬花》《天女散花》《一缕麻》《霸王别姬》等。当时，梅兰芳是戏曲领域崛起的新星，能够与伶界大王谭鑫培、武生泰斗杨小楼合唱"对儿戏"，位居旦角头牌，风头之劲，几无二人。喜爱梅兰芳的粉丝众多，放在当下就是形象与实力兼具的"流量小生"。很快，唱片公司便盯上了这位儒雅俊秀的新生代京剧演员。

20世纪初，拥有一台留声机是一个人的品位和身价的象征。梅兰芳很喜欢唱片，家中也购进了留声机，他常常听一些欧洲古典音乐，如巴赫、莫扎特、海顿、贝多芬、舒伯特、柏辽兹、德沃夏克等人的音乐，目的是提高自己的音乐审美修养。除了欧洲古典音乐，梅兰芳听得最多的还是戏曲唱片。听到录制好些的唱片，他心里很畅快；听到冒牌唱片，他心里恨得不行。例如他就听过"谋得利""乌利文"制作的假的谭鑫培唱片。他认为这些假唱片损害演员的名誉不说，还欺骗了听众。虽然爱听唱片，但是梅兰芳没有马上灌制自己的唱片。因为当时唱片业刚刚进入中国市场，决策层又多为不甚熟稔京剧的外国人，且老唱片的容量十分有限，所以梅兰芳比较慎重。1919年从日本访问演出归来后，他才开始计划此事。

1920年5月，梅兰芳迈出了灌制唱片的第一步。第一批唱片由著名唱片公司——百代唱片公司邀约录制，收录了他前一时期创作的新戏唱段，如古装新戏《嫦娥奔月》《黛玉葬花》《天女散花》《木兰从军》；也收录了两段经过再加工的传统老戏，一部是《虹霓关》，另一部是《汾河湾》。《虹霓关》里有两个重要的旦角

《黛玉葬花》试装照，梅兰芳饰林黛玉

．

人物，刀马旦应工的东方夫人和青衣应工的丫环。故事讲述瓦岗寨神射手王伯当射杀隋朝虹霓关守将辛文礼。辛文礼的夫人东方氏武艺高强，为替夫报仇将王伯当生擒。但是擒获后，她仰慕王伯当的英俊，派丫鬟说服王伯当降顺瓦岗寨并与之成婚。王伯当在洞房中斥责东方氏不替夫报仇，继而杀之。传统老戏的唱法是一个人饰演一个角色贯穿始终，但是梅兰芳在头本中饰演东方氏，在二本中他认为自己的性格不适合再演夫人，而改演丫鬟。这张唱片里收录的就是二本中丫鬟的唱段。当时，在一个故事中分饰两个旦角是新颖的演法。在《汾河湾》中，梅兰芳突破青衣"抱肚子唱"的传统，重视了表情、身段等。所以，虽然是两出老戏的唱段录制，却展现了梅兰芳的革新思想。

梅兰芳的第一批唱片为什么选择在百代唱片公司录制？这需要说一说。百代唱片公司（EMI）成立于1897年，总部设在伦敦，是世界五大唱片公司之一，其前身是英国留声机公司和英国哥伦比亚唱片公司。两家公司1931年合并后统称为Electric and Musical Industries，英文缩写是"EMI"。百代唱片公司收购的法国Pathe Marconi唱片公司于1908年在上海、香港等地设立分公司。EMI在中国之所以被称作"百代"，是根据这家法国公司Pathe的音译而来的。百代唱片公司是民国时期中国最大的唱片制造和经营公司，也是当时中国音乐唱片高品质的代表。当年名声如雷贯耳的周璇、胡蝶、聂耳、冼星海等巨星和进步音乐家均云集百代。一些电影音乐的创作、录音都在该公司完成。

梅兰芳在上海灌唱片时，与张镠子、赵叔雍等合影

可见，选择百代唱片公司，就是选择了音乐品质。梅兰芳对音乐唱腔非常重视，其嗓音圆润优美，高亮清脆。他融汇了昆曲老师陈德霖的刚劲和京剧老师王瑶卿的婉转，形成了一种刚柔相济的梅派唱腔风格。这种风格看似委婉柔弱，实则刚健其中，落落大方，咬字清晰，气力充沛，声韵讲究，越是高音处越甜润，不会造成粗犷嘶吼的尴尬。梅兰芳希望录音后的唱片能传递他的音乐特质，所以选择一家高品质的音乐唱片公司格外重要。

梅兰芳的第二批唱片同样与百代唱片公司合作，录制的剧目有《霸王别姬》《西施》《洛神》《春秋配》《女起解》《梅陇镇》等。在剧目唱段的选择上，可以看出梅兰芳"以新为主"的艺术思路。这种新不仅指新剧目，还包括艺术上的新探索。例如《霸王别姬》《西施》《洛神》是梅兰芳古装新戏的代表作，是具有梅派特色的"私房戏"，戏曲唱腔、表演等非常新颖；《春秋配》虽然来自旧本，但是对旧本内容和唱腔也进行了翻新；《女起解》和《梅陇镇》都是老戏。梅兰芳的老师王瑶卿在唱《女起解》时进行了大胆创新，梅兰芳录制的这段唱腔就是延续了王瑶卿的唱法，也是对老师的一种敬畏和继承。现在这段王氏特征的唱腔已经广为流传，可见梅兰芳录制的唱片也发挥了传播作用。老戏《梅陇镇》，已有谭鑫培、余紫云两位戏曲前辈的版本珠玉在先，梅兰芳与余叔岩没有停止创新的脚步，他们部分修改了原来的唱腔，又删减了一些琐碎的表演和场次，改进了站位、身段和表情，使这出戏成为轻松愉快的生旦"对儿戏"。所以，这些唱片的录制将这些艺术创新都保留了下来。

随着梅兰芳年龄的增长，以及他从美国访问演出归来后，越来越感到传统老戏里蕴含着中国传统文化的精髓，在推广京剧的时候一定要重视传统戏的挖掘、整理和研究，梅兰芳开始收集一些老唱片。经老朋友言简斋的介绍，周志辅先生将收藏多年的五百余张老唱片送给梅兰芳。这些唱片几乎囊括了所有早期京剧艺术家，甚至一些罕见的表演者的唱片也被收录进来。这些老唱片无论在当时还是现在，都是极其珍贵的资料。20世纪30年代，梅兰芳的《抗金兵》《生死恨》等戏的唱腔又呈现了回归传统的面貌。同时期，梅兰芳在百代唱片公司录制的唱片里除了《太真外传》和《霸王别姬》，其余全是传统戏。胜利唱片公司录制的唱片也均为传统戏。

四大名旦共同灌制长城唱片公司《四五花洞》唱片

所以从录制的唱片里，可以追寻艺术家艺术观的演变。

梅兰芳除了在百代唱片公司录制了大量唱片外，还在胜利唱片公司、长城唱片公司、得胜公司、日本蓄音器公司等也录制了相应唱片。由于梅兰芳的影响力，加之唱片公司的精心制作，很多唱片销量很好，被唱片公司多次再版。

从 1920 年至 1936 年的十七年间，梅兰芳陆续灌制了十八批唱片。他在剧目唱段的选择上"新旧并举"，每一批唱片既有传统的"骨子老戏"唱段，也包含所在时期的新戏代表作。一些"骨子老戏"也不是原封不动地照搬老套唱法，而是融入一些新的改造，也有些老戏需要原汁原味地保留下来。所以这些唱片在推广梅兰芳的新戏新唱腔、老戏新改、老戏传承等方面发挥了重要作用，体现了他当时的艺术思想。很多唱片保存至今，成为弥足珍贵的历史资料和学习资料。这些唱片见证了一代京剧大师在那个时代的成长历程和艺术造诣，为我们留下了永远的"梅声"。

梅兰芳香烟广告

126

八、广告红人梅兰芳

　　现如今，当红演员或流量明星因为是公众人物，知名度极高，常常成为广告界的宠儿。电视、网络、路牌、楼宇等随处可见大牌明星代言的广告，一方面推介了代言的产品，另一方面也增加了明星的曝光度和收入。

民国时期的广告红人非梅兰芳莫属，火爆程度不亚于现在任何一个一线明星。说梅兰芳是广告红人，那就得先从上海的《申报》说起。

鸦片战争后，上海和香港成为外国报纸在华出版的两大基地。到 1898 年维新运动之前，上海的报业发展迅猛，具有全国影响力的报纸大多在上海出版。来自英国、美国、德国、法国、日本、葡萄牙等国的商人纷纷登陆上海创办报纸，刊布中外新闻、言论、广告、商业行情等。彼时，上海已经成为外国人在中国办报，尤其是商业类报纸的出版中心。商业类报纸中的广告版块是其重要的组成部分和创收来源。在上海众多的商业类外报中，《申报》独树一帜。《申报》由英国商人爱内斯特·美查于 1872 年创办，至 1949 年停刊，是近代中国发行时间最长、影响力最广泛的全国性商业大报。如果一条商业广告想要达到全国的覆盖面和影响力，那么能登上《申报》的版面成为首选。

上海是《申报》的总部，《申报》是上海报业的"扛把子"，上海也是梅兰芳的福地。梅兰芳1913年首次赴沪演出，就在正式演出前几日，赫赫有名的《申报》便先期进行广告宣传。自古用兵之道，讲究"兵马未动，粮草先行"。邀请梅兰芳赴沪演出的丹桂第一台老板许少卿在10月14日的《申报》上刊载广告"第一台特聘天下无双最著名优等艺员著名汪派须生王凤卿，第一青衣花旦梅兰芳"，两个人的名字都是又黑又粗的大字突出显示，编排上是姓在上而名在下。演出前，《申报》每天刊登一则梅兰芳的广告，连续发布了二十余天；演出后，又以每天两到三次的频率发布广告，总广告次数达到百余次，如此高频率的广告对首次赴沪的新人梅兰芳来说起到了宣传造势的作用。

1913年10月28日，《申报》刊载剧评家丁悚的文章："梅兰芳之青衫，亦为都中第一流人物，色艺之佳，早已名满都下。旧历四月间，沪园尝专人往聘，当订定合同月俸一千八百元，川资在外，尔时即放定洋六百元，约八月到沪，嗣因其妻临产，乃迟迟至本月十九，始携凤卿出都，二难兼并，必有特异之技艺以动人。观听者，有梨园癖者，自必联翩往观，第一台又将坐无隙地矣。"这篇文章与其说是一篇介绍，不如说是关于梅兰芳的"软文广告"。丁悚评价"都中第一流人物，色艺之佳，早已名满都下"，吸引不了解梅兰芳的读者赴剧场一睹真容。

梅兰芳与报界名人狄平子合影

上海人对新鲜事物、时尚潮流一向热衷，加上广告的宣传，勾起了观众满满的好奇心。梅兰芳团队临时改唱刀马旦应工的《穆柯寨》，让习惯青衣行的上海观众耳目一新，的确实现了"特异之技艺以动人"的目标。

梅兰芳此番赴沪是跟随京剧老生王凤卿前往。当时报纸是主流广告的传播媒介，王凤卿很早就认识到广告对于演员的重要性，在演出前他特意带着梅兰芳拜访了三位上海报界精英，他们分别是《申报》总经理史量才、《时报》创办人狄楚青、《新闻报》总经理汪汉溪。史量才素有"上海报业大王"的称号；狄楚青是康有为的得意门生，《时报》的创办得到了康有为和梁启超资助；汪汉溪使《新闻报》成为中国第一家经济独立的报纸。三位报人在上海报业举足轻重，与他们的交往使梅兰芳较早地进入广告领域，媒介也对这位新人的成长充满期待。

如果说《申报》1913 年刊登的梅兰芳广告还是在推介一位新人，那么，从那之后至 1919 年间，梅兰芳创作了大量新戏，一跃成为当时收入最高的戏曲演员，首访日本载誉归来后，他已经是红透亚洲的巨星。此时，有梅兰芳的地方就有关注度，有《申报》的地方就有梅兰芳的广告。梅兰芳已经成为广告红人，其戏曲广告在《申报》上随处可见。例如新戏《牢狱鸳鸯》的广告还特别标明重要看点"此戏为梅大艺员拿手杰作，情节新颖，在狱中与卫牛相晤一场，尤见温情柔态，令人悦目赏心"。《申报》刊载了数量众多的梅兰芳戏曲广告，介绍演出剧目和演员搭配。只要梅兰芳在上海演出，这些广告几乎天天都有。这些戏曲广告将梅兰芳的名字印

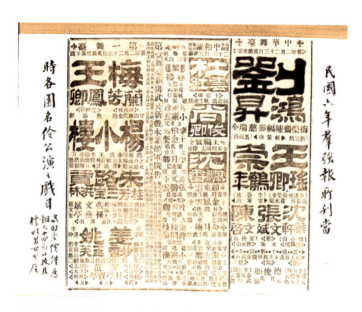

1917年3月16日《群强报》戏曲广告

得巨大，广告语如"寰球第一青衣""天下第一青衣"等，以吸引人的眼球。《申报》上发布的有关梅兰芳的广告中有许多是图片类广告，这些图片广告一经发布，具有强烈的视觉冲击力。造型传神的图片使观众们对梅兰芳更加喜爱和追捧，对他的演出和本人都心驰神往。其他报纸如《时报》《晶报》《新闻报》《顺天时报》《歌场新月》《春柳》《戏剧月刊》《北洋画报》《文学周报》也纷纷刊登梅兰芳的广告。

除了戏曲广告之外，巨星梅兰芳也成为当时各大商家追逐的宠儿，他们纷纷邀请梅兰芳代言产品，有丝袜、毛衣、皮衣、牙膏、汽车、药品、家具、香烟、唱片、化妆品等，林林总总，不胜枚举。这些广告语有趣极了，例如上海"三桃牌"丝袜的广告语——"梅兰芳是剧界泰斗，三桃牌是袜中翘楚"。上海"恒源祥"
广告语——"看戏要看梅兰芳，着衣要着绒线装。海上
绒线谁家好，首屈一指恒源祥"。上海"天发祥"皮
衣的广告语——"梅兰芳为伶界泰斗，天发祥为皮界冠
军"，"看梅兰芳戏剧可以陶冶性情，穿天发祥皮衣可
以御寒保身"。有一款牙膏的广告语让人忍俊不禁，它
是这样写的："梅兰芳有名剧曰《嫦娥奔月》，本公司
有牙膏曰'月里嫦娥'。《嫦娥奔月》可以赏心悦目，
'月里嫦娥'可以护牙洁齿。"美国著名的克雷斯勒
（克莱斯勒）汽车的广告语——"《名伶与名车》，梅
君兰芳精研艺术而名闻全球，诚剧界中之泰斗也。克雷
斯勒汽车工程优良、设计新颖，执汽车中之牛耳。诸君
观名伶以享娱乐之福，尤宜购名车以代徒步之劳。克雷
斯勒汽车即君之名车也如何"。柏林华发大药行的润喉

药广告语——"伶界大王梅兰芳盛称福美明达为裨益社会保卫人生之品。凡舞台艺员及演说家、音乐家宜随时将此片含之口中，不但发声嘹亮，且永免喉痧喉头发炎等患。全世界名医皆推此片，为保喉圣乐既可防患于未然，又能使歌喉珠圆玉润也"。泰昌洋货木器公司的广告语——"听梅兰芳君之戏剧令人愉快，用泰昌公司之木器令人舒畅，此乃最上等之家庭"，"梅兰芳君对于剧界可称唱做兼佳，才艺出众；泰昌公司对于木器可称工料并妙，式样新奇。故华洋人士莫不称梅兰芳君为剧界之大王，泰昌公司为木器之领袖"。高亭唱片的广告语——"梅兰芳博士的唱与众不同，高亭公司的唱片亦与众不同。梅博士的唱妙在'腔调婉转'，活像女子；高亭公司的唱片妙在'声音清亮'，活像本人。梅博士且是伶界大王，高亭公司是唱片大王。诸位既爱听

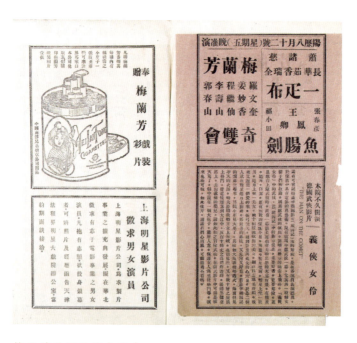

梅兰芳香烟及演出广告

'梅调'，更不可不听高亭唱片"。绘有梅兰芳表演图画的香烟广告语——"看好戏，吸名烟乐何如之。梅兰芳之色艺声誉名扬全球，富而好施之烟味清馨有口皆碑"。美丽香烟把梅兰芳的名字融入广告语——"美丽香烟如梅之芬，似兰之芳"。更有当时知名的南洋兄弟烟草公司推出了一款以梅兰芳命名的香烟"梅兰芳牌香烟"，其广告语中有一句话："你把梅兰芳香烟放在面前，时时刻刻可以和梅郎会面，因为这烟的商标是借重梅郎倩影做的"。

可以说，梅兰芳除了精湛的演出吸引了广大戏迷，他的各类广告也为他本人和其艺术在戏迷中的传播发挥了举足轻重的作用，当然也带来了不菲的广告收入。

喜爱摄影的梅兰芳

九、痴迷摄影的梅兰芳

"各位尊敬的朋友，大家好！欢迎大家来到2008年北京嘉德秋拍现场。今天是摄影藏品的专场拍卖。第一件拍品是梅兰芳的生活照。此件拍品有底价。这张照片梅兰芳身着西服，神情俊朗，为其私人照片。现在此拍品从2000元开始起拍，每次加价1000元。请各位开始踊跃报价。这位先生应价3000元，还有没有别的顾客再往上加价？这位女士应价4000元，还有没有其他人再往上加价？……这位先生应价22400元，还有没有再往上加价？报价一次，报价两次，报价三次。成交！这件拍品被第一排的先生以22400元拍得，我们恭喜这位先生。请到办公室办理相关手续。"随着拍卖师的落锤，一件梅兰芳的生活照被成功拍出。一张普通的照片竟然拍到了两万多元，成交价比估价高十倍，只因照片中的人物为20世纪中国最伟大的戏曲表演艺术家梅兰芳，当年电影《梅兰芳》也正在影院热映，也使得这张照片成为买家竞逐的拍品。

当你翻开民国时期的旧报纸，或者梅兰芳的画册，你会发现梅兰芳的照片真的非常丰富：舞台上的剧照，参加活动的新闻照，与名流的纪念照，跟朋友的合影，

幼年梅兰芳着坎肩戴瓜皮帽
做划船状游戏照

个人的生活照，以及一些明信片性质的形象照，凡此种
种，不胜枚举。梅兰芳或许是民国时期摄影最多的戏曲
演员了。除了新闻记者拍摄的照片，梅兰芳本人也是十
足的摄影迷。

1826 年，法国人尼埃普斯拍摄了一幅照片《窗外的
景色》，这张照片是 2002 年之前发现的世界上最早的
照片。（2002 年，在法国苏富比拍卖行举办的历史照片
拍卖会上，照片《牵马人》以 39.8 万美元成交价被法
国国家图书馆收藏。）1839 年 8 月 19 日，达盖尔摄影
法在法国正式公布，宣告了摄影术的诞生。摄影术诞生
后，很快风靡全世界，在 19 世纪 40 年代由外国摄影者
传入中国，中国随后涌现出了一批技艺高超的摄影师和
著名的照相馆。摄影成为一些上层人士和时髦人士记录

法国制袖珍老式家庭用摄影机

木制三脚架

生活的方式。慈禧太后晚年很喜欢摄影，特批她的御用摄影师裕勋龄在拍照时免跪。一些照相馆开始拍摄家庭合影、便装像等，例如北京第一家由中国人创办的照相馆——丰泰照相馆，在1894年为戏曲演员田际云、朱素云和路三宝拍摄过合影，这是目前可见的丰泰照相馆最早的照片。

梅兰芳和家人也拍了很多个人照和合影。目前可以看到的最早的照片是他九岁时拍摄的。梅兰芳很乐于用摄影记录他的生活，例如他和学艺的小伙伴们的合影，乘着骡车去戏院的照片，青涩的他骑着高头大马参加北京城的跑马活动的照片，他和自己的恩师吴菱仙的合影等，都记录了少年时期梅兰芳的生活。那个时候他还没有便携式的摄影机，别人为他拍摄，他觉得很新颖，就

十六岁的梅兰芳在照相馆前拍摄骑马照

欣然同意。家里有长辈过寿，青年梅兰芳就带着家人去北京著名的照相馆拍合影和人像：照相馆里有绘画的背景布，前面放上小桌或椅子，家人穿上正式的服装合影留念。这些照片成为珍贵的家庭回忆，也能看出那个时代摄影的技术。梅兰芳从小就接触了摄影，了解怎样和摄影师合作，怎样在镜头前保持良好的仪态。

随着梅兰芳在戏曲舞台上一天比一天红，人们非常想看到他的戏装造型。梅兰芳开始拍摄大量剧照。这些剧照经过报纸的登载，扩大了梅兰芳的影响力。戏迷们以能得到一张梅兰芳的个人照或戏装照而感到荣耀。

喜欢摄影的人都知道一个概念，这就是现代新闻摄影之父亨利·卡蒂埃-布列松提到的"决定性瞬间"，

梅兰芳与程砚秋、尚小云合作《虹霓关》

即摄影者在某一特定的时刻，将形式、设想、构图、光线、事件等所有因素完美地结合在一起。这个完美时刻就是"决定性瞬间"。梅兰芳认为"戏曲照相在一刹那间把一个最好的神情姿态照下来，需要照相者和被照相者双方很好地合作，配合在一起，才能照出演员有代表性的表演艺术照"。显然，梅兰芳也在追求戏曲影像的"决定性瞬间"。梅兰芳回忆，当他看到谭鑫培《南天门》和《汾河湾》的两张戏装照片时，那眼神、那身段简直和舞台上如出一辙，传神备至，气韵生动，仿佛把人带到了戏剧情境中。一些老辈演员的戏装照片成为后学模仿的资料，毕竟戏曲表演是流动的艺术，有些身段和亮相都在一瞬间，这些重要的姿态如能够拍摄下来，对后学而言是很好的学习材料。

不同时期的戏装照还能看出演员服装、化妆的演变过程。曾在梅兰芳纪念馆南屋举办的"梅兰芳生平展"中，有几幅照片特别受到人们的喜欢。每次讲解员讲到这里的时候，人们充满了兴趣。那几幅照片是《金山寺》中白娘子和小青的剧照，同样的人物却有四种不同的造型。当初，梅兰芳看了这几幅图片说："从头上的大额子改为软额子，片子的贴法，眼窝的画法……就不难看出这种变化。"我们现在在京剧舞台上看到的白娘子造型，应该是四张照片上最后面的那一张。

戏曲照相并不是戏班要求的，多是经济稍微宽裕和有兴趣的演员的自发行为。当时照相馆的摄影机是法国木壳手摇摄影机，而那些小巧的摄影机和胶片价格昂贵，货源紧俏，一般是外国摄影记者、留学人士或收藏

梅兰芳与程砚秋、尚小云合作《西厢记》

者才拥有。梅兰芳除了主动去拍戏曲剧照，还购买了当时最好的便携摄影机和胶片，用他自己的话说"也消耗了不少钱"。梅兰芳对摄影的兴趣已经不满足于被别人拍照，而是自己用摄影机亲自摄影。梅兰芳在欧洲考察的间隙，主办方安排他和友人游览风景，他常常背着当时欧洲最时髦的德国禄来相机拍摄风光和人物，从构图、色彩中寻找美的定格。

梅兰芳自身爱好摄影，又熟悉摄影师在照相馆和舞台的拍摄技术，自己总结了舞台剧照的"六忌"：忌正相偏照，忌侧相正照，忌照未完成的亮相，忌仰镜头，忌开口音，忌照不合节奏的相。所以，摄影师如果了解戏曲，对他拍摄"决定性瞬间"的剧照是非常有帮助的；戏曲演员懂一点摄影，也可以跟摄影师沟通，拍出更美、更精准的照片。为了传播和推广戏曲艺术，在齐如山的倡导之下，梅兰芳和摄影师合作拍摄了五十三式戏曲手势图片和眼神图片，还拍摄了坐、卧、提篮等身段造型。这些艺术图片对于现在研究和学习梅派艺术大有裨益。

梅兰芳在文化界、金融界、书画界都有非常多的好朋友，有些朋友还成为他艺术上鼎力的支持者，如"梅党"成员、梅兰芳的师长。他在对外文化交流方面也作出了很大的贡献。如前往日本、美国和苏联巡演，和卓别林、爱森斯坦、斯坦尼斯拉夫斯基等交流探讨，在无量大人胡同接待瑞典王储、各国使节和文化人士等。这些人物和过往背后的故事除了文字上的记载，就只能通过当时拍摄的照片来一睹交游的风采。

辮舒　蕚伸　蕊護　篆初　苞含

露承　風迎　潤雨　滋露　發怒

梅兰芳表演各种手势摄影

梅兰芳有两位摄影圈的友人，一位是摄影家郎静山，一位是美国的东方艺术史学者马尔智。郎静山一生酷爱摄影，他热爱中国山水画，运用绘画技巧与暗房曝光技术进行交替曝光，创立了"集锦摄影"艺术流派，他的摄影作品看上去好像一幅含义隽永的水墨画。2019 年，达盖尔基金会在法国举办"纪念摄影术诞生 180 周年"活动，郎静山入选"摄影术诞生 180 年 180 人"。在梅兰芳无量大人胡同和上海马斯南路的寓所里，郎静山与梅兰芳都进行过摄影和戏曲艺术上的交流。在 20 世纪二三十年代，马尔智在中国研究美术，还曾在燕京大学西语系教书。他回国后在底特律艺术学院、密歇根大学人类学博物馆担任亚洲艺术策展人。因为了解亚洲美术，他成为美国东亚艺术研究领域的权威。马尔智也是业余摄影爱好

与梅兰芳、郎静山及记者陈警聩合影于上海梅寓　　（1947年）

梅兰芳与丰子恺、郎静山及记者陈警聩在上海梅寓合影

者，有时候他对照相馆冲印的照片质量不满意，就自己动手布置暗房，冲印照片。他对梅兰芳的手势表演十分着迷，为梅兰芳拍摄了很多戏曲手势的照片。这些照片收录在他的著作《梅伶兰姿》（*Orchid Hand Patterns of Mei Lan-fang*）中。如今，这些珍贵的作品被美国密歇根大学马尔智东方图书馆收藏。

梅兰芳在北京无量大人胡同寓所接待马尔智

梅兰芳在上海沪西俱乐部打高尔夫球全身照（着色）

十、文艺体育不分家

伟大的浪漫主义诗人李白还有一个神秘的身份。

这不是旁的，正是剑客。唐朝尚武之风盛行，佩剑是一种身份的象征。但诗仙李白佩剑可不是空架子，他是一名真正的剑客。他剑术高明，出神入化，成为一个浪迹天涯的侠客是李白的梦想。有传言，李白十五岁开始习剑，为了提高剑法，他曾经远赴山东向大唐第一剑客裴旻求教。他对剑客的仰慕在他的《侠客行》中可见端倪："十步杀一人，千里不留行。事了拂衣去，深藏身与名。"李白爱剑爱到骨子里，他九百多首诗歌中，有百首都与宝剑相关。古人云：唐朝有三绝，李白的诗歌，裴旻的剑舞，张旭的草书。李白身负诗人与剑客的双重身份，只不过其诗人身份的光芒太盛，掩盖了剑客的光环。

李白与梅兰芳，一位是伟大的诗人，一位是伟大的戏曲表演艺术家；一位生活在唐代，一位主要生活在民国时期，唐代与民国时期都是弘扬尚武精神的时代，武林高手云集。李白剑术出神入化，梅兰芳习剑强身健体。戏曲武把子里剑术也是基本功之一，梅兰芳为排演《霸王别姬》中舞剑的部分，还专门向武术名师学习太极剑。李白与梅兰芳两人几乎堪称时代文艺与体育流行趋势的代言人。

青年梅兰芳舞剑

梅兰芳持球拍照

现代奥运会创始人顾拜旦曾说："体育应与文化艺术结合，以达到身心均衡的发展。"

还有人形象地比喻："体育是人生的万能药，艺术是人生的忘忧草。"

文艺与体育本是两个领域的事情，但它们一旦融合，便会擦出奇异的火花。

民国时期，西方的文艺样式及现代体育在中国流行起来，梅兰芳乘风破浪，钢琴、小提琴、羽毛球、高尔夫球全都涉足尝试，体验了流行文化的娱乐和魅力。我们可以假想一下，倘若李白穿越到民国时期的北京和上海，估计也会像梅兰芳一样，对当时的时尚产生兴趣。

梅兰芳纪念馆有两张相关老照片，非常引人注目。

从两张照片的环境推测，这是梅兰芳位于北京无量大人胡同的寓所"缀玉轩"室内。一张照片显示，屋中一角摆放了一架立式钢琴，琴上的抬板摆着琴谱，钢琴上除了若干奖杯摆件，还有一台专业的节拍器，节拍器可是练习钢琴的标配；钢琴上方挂着两幅横轴的中国画；房间中其他位置摆着中式家具；梅兰芳的艺坛伙伴兼好友姚玉芙坐在钢琴前弹奏着，梅兰芳则站在旁边神情专注地拉着小提琴。另一张照片摄于同一场景，却是梅兰芳弹奏钢琴的瞬间。此时的梅兰芳风华正茂，在业内已成为最具票房号召力的京剧演员。1919 年首次访日演出大获成功载誉归国，1920 年他购买了无量大人胡同一处大宅，这所宅子在当时成为民间外交的重要场所，几年时间内接待的国际友人不下六七千人。所以，梅兰芳不仅向国际友人传播了中国的京剧文化，也打开了国际视野，受到西方艺术和文化的熏陶。这就不奇怪为什么梅兰芳中式建筑和装饰风格的家里会有钢琴和小提琴了。如果一个人只是观摩钢琴和小提琴演奏，那应该仅停留在欣赏与兴趣的层面；如果家里买了钢琴和小提琴，并且练习演奏，陶冶性情，那说明已经到了喜爱的程度。

钢琴被称为西洋乐器之王，古钢琴是明朝时期由意大利传教士利玛窦传入中国。当时钢琴是昂贵又复杂的乐器，只有皇室或者贵族有机会见识和拥有。小提琴与钢琴、古典吉他并称为世界三大乐器。小提琴在世界各地的传播度比钢琴更广泛，在现代管弦乐队中，小提琴是弦乐组里最主要的乐器，堪称现代交响乐队的支柱。可以说小提琴是具有高难度演奏技巧的独奏乐器。清朝末年，欧洲商行登陆中国，瞄准北京、上海等大城市，将现代钢琴和小提琴引入中国。民国时期，钢琴和小提琴的价格十分昂贵，一般需要在洋行才能买到，所以这些西洋乐器并不能进入寻常百姓家。当时，众多世界知名钢琴曲和小提琴曲唱片的涌入，加深了中国艺术家对西方音乐的了解，观摩室内音乐会成为在华外国人和国内时髦人士的娱乐方式。梅兰芳因为从事戏曲表演而对戏曲音乐格外重视，音乐素养是戏曲演员的必备素养之一。同样，西方的钢琴和小提琴虽属不同乐器，但是中外艺术家对音乐的领悟和感知是相通的。梅兰芳多次出访海外，结识众多海外艺术家，也有机会现场聆听多场古典与现代音乐会。

音乐听完了，运动场上走一遭。

民国时期很多知名人士喜欢打羽毛球和高尔夫球，梅兰芳也是其中一员。他常常带着家人，穿着专业的运动服去打羽毛球。梅兰芳手持羽毛球拍，在球场上潇洒挥拍，运动起来娴熟又畅快，恍惚间仿佛忘记自己是一位京剧演员了。现代羽毛球运动诞生于英国的伯明顿，伯明顿的英文"Badminton"正是羽毛球的英文名称，这应该是对诞生地的纪念吧。20 世纪初，羽毛球运动从欧洲传入中国，这项运动对抗强度高，对抗双方又没有身体接触，富有趣味性，很快就在民国知名人士圈内风行开来。当时，周末能去专业的球场打一场羽毛球还是少数人很新潮的休闲体育活动。现在羽毛球运动已经进入寻常百姓家，我们在社区、公园、体育馆都能看到人们打羽毛球的身影。1996 年中国

梅兰芳在香港时打羽毛球的照片

在亚特兰大奥运会上获得了第一枚羽毛球金牌。梅兰芳可能没有想到,自己热爱的羽毛球运动已成为奥运会比赛中中国具有较高实力的竞技项目。

1947 年,梅兰芳在上海一处漂亮的沪西俱乐部草坪打高尔夫球。高尔夫球运动是一种以棒击球入穴的球类运动,起源于 15 世纪的苏格兰,19 世纪开始在欧美流行起来。如果深挖会发现一个有趣的事情,高尔夫球与中国古代一种名为"捶丸"的球戏很相似。高尔夫的英文名称 Golf,对这一名称的解释多倾向于:G 是 Green(绿色),O 是 Oxygen(氧气),L 是 Light(阳光),F 是 Friendship(友谊)。显然,高尔夫球运动是享受大自然和休闲体育的结合。这项运动常常被当成绅士运动的代名词,讲究自律、诚信和仪式感。这三个特质也与梅兰芳的性格和绅士风度十分吻合。另外，打高尔夫球也是一种交往方式，梅兰芳很重视与朋友的交往，大家通过打高尔夫球来拓展交流和加深友谊。由于球场草坪的环境要求，养护成本高，高尔夫球的球具装备价格昂贵，一套装备要 14 根球杆，球童与球车费用也较多，加之城市内高尔夫球场地稀缺等因素，所以高尔夫球运动还是高收入人群和外国人涉足的运动。梅兰芳是民国时期收入极高的演员，当时又生活在国际时尚之都上海，他对西方的运动并不排斥，所以偶尔打打高尔夫球也是可以理解的。

艺术家涉足文艺和体育是一种身心的愉悦，梅兰芳在其中既提升了审美的修养，也获得了运动的快乐。

梅兰芳涉猎新鲜事物，追随时尚潮流，开阔了视野，丰富了人生的艺术道路，也让我们看到了一个戏曲演员之外的梅兰芳。

1928 年夏在北戴河的游泳照

图书在版编目（CIP）数据

留声存影：梅兰芳与时尚 / 俞丽伟编著 .—北京：知识产权出版社，2022.1
（梅兰芳艺术人生文丛 / 刘祯主编）

ISBN 978-7-5130-7986-0

Ⅰ.①留… Ⅱ.①俞… Ⅲ.①梅兰芳（1894-1961）—生平事迹 Ⅳ.① K825.78

中国版本图书馆 CIP 数据核字（2021）第 263463 号

策　　　划：刘　祯　　王润贵　　　　责任编辑：刘　嚣
装帧设计：智兴设计室·段维东　　　　责任校对：王　岩
内文制作：智兴设计室·胡晓曦　　　　责任印制：刘译文

留声存影

梅兰芳与时尚

俞丽伟　编著

出版发行	知识产权出版社有限责任公司	网　址	http：// www.ipph.cn
社　址	北京市海淀区气象路50号院	邮　编	100081
责编电话	010-82000860转8119	责编邮箱	liuhe@cnipr.com
发行电话	010-82000860转8101/8102	发行传真	010-82000893/82005070/82000270
印　刷	天津市银博印刷集团有限公司	经　销	各大网上书店、新华书店及相关专业书店
开　本	787mm×1092mm　1/32	印　张	5.75
版　次	2022年1月第1版	印　次	2022年1月第1次印刷
字　数	66千字	定　价	39.00元

ISBN 978-7-5130-7986-0